Deftige Bauernküche

Neue und alte Rezepte von
Siegfried Ruoß

THEISS

Deftige
Bauernküche

gesammelt und ausprobiert
von Siegfried Ruoß

Die Deutsche Bibliothek – CIP-Einheitsaufnahme

Ein Titeldatensatz für diese Publikation ist bei
Der Deutschen Bibliothek erhältlich.

Idee und Text: Siegfried Ruoß
Illustrationen: Artur Steck

Umschlaggestaltung: DOPPELPUNKT Auch & Grätzbach GbR, Leonberg
unter Verwendung einer Illustration von Artur Steck

Lizenzausgabe für den Konrad Theiss Verlag GmbH, Stuttgart
Copyright © 2001 by Ruoß Verlag, Ulm
Repro und Satz: Reproteam Siefert
Druck und Bindung: Ebner, Graphische Betriebe, Ulm
ISBN: 3-8062-1606-1

Inhaltsverzeichnis

Einleitung

„Metzelsupp" ist in Schwaben gleichbedeutend mit einer Hausschlachtung. Wurde früher auf dem Lande ein Schweinlein,
besser gesagt eine schlachtreife „Sau" mit ihren angemästeten
3–4 Zentnern, zum „Metzga" geführt, konnte die Nachbarschaft,
nicht zu vergessen der Herr Pfarrer und der immer hungrige
Dorflehrer, mit einer „Metzelsupp" rechnen. Die Kinder des
Bauern trugen dann gegen Abend in einer kleineren Milchkanne
die Metzelsuppe aus. Je nach Gewichtigkeit des Empfängers
war auch der Inhalt der Suppe, am besten kam der Herr Pfarrer
weg, da schwammen dann neben dem „Sauschwänzle" noch ein
schönes Stück vom Bauch (Kesselfleisch) und natürlich die
Blut- und Leberwürste umher.

Aber auch die Wirtschaften pflegten im Herbst ihre Vorratskeller aufzufüllen und zum Zeichen, daß es heute „Metzelsupp"
gab, hängten die Wirte die aufgeblasene „Saublodr" vors Haus,
um ihrer Kundschaft das wichtige Ereignis bekanntzugeben.

Auch heute noch geben vereinzelt Wirtschaften im ländlichen
Raum ihre Hausschlachtung in der örtlichen Tageszeitung mit
„Heute Metzelsupp" bekannt. Selbstverständlich gehört zu so
einem Festessen auch eine kräftige Nudel- oder Riebalesupp.
Aber das wichtigste ist allemal die Schlachtplatte. Sie besteht
heute meist aus Sauerkraut, Kartoffelbrei (Abiramus), Kesselfleisch und Blut- und Leberwürsten.

Bei einer privaten Hausschlachtung finden wir hier noch die Schweinsöhrla, Füße, Bäckla und vielleicht auch ein paar Schälripple zum Abnagen. Mancherorts wird die Schlachtplatte noch nach alter Väter Sitte mit Spätzla, Bubaspitzla oder Erbsbrei serviert.

Was das Buch nicht soll, und was auch nicht beabsichtigt war, ist, aus Ihnen in kurzer Zeit einen erfahrenen Fachmann für Hausschlachtungen zu machen. Wenn Sie selbst schlachten wollen, fragen Sie Ihren Metzger, der Ihnen gern die Anschrift eines Hausmetzgers vermittelt, der die nötige Erfahrung und Gerätschaften mitbringt.

Wer ein Schlachtfest mal aus nächster Nähe erleben möchte, dem empfehle ich unbedingt den Besuch des Hohenloher Freilandmuseums in Schwäbisch Hall, das jedes Frühjahr ein zünftiges Schlachtfest nach alter Tradition durchführt. In diesem Zusammenhang möchte ich mich nochmals herzlich bei allen Mitarbeitern des Museums für die freundliche Aufnahme und die fachmännischen Ratschläge bedanken. Dank auch an alle meine Freunde und Bekannten auf der Alb und in Ulm, die es mir ermöglicht haben, der „Schwäbischen Metzelsupp" den richtigen Rahmen zu geben.

's wird nix so hoiß gessa,
wia's kocht wird.

Auszug aus: Metzelsuppenlied

So säumet denn, ihr Freunde, nicht,
die Würste zu verspeisen,
und laßt zum würzigen Gericht
die Becher fleißig kreisen!
Es reimt sich trefflich Wein und Schwein,
und paßt sich köstlich Wurst und Durst;
bei Würsten gilt's zu bürsten.

Auch unser edles Sauerkraut,
wir sollen's nicht vergessen;
ein Deutscher hat's zuerst gebaut,
drum ist's ein deutsches Essen.
Wenn solch ein Fleischchen weiß und mild
im Kraute liegt, das ist ein Bild
wie Venus in den Rosen.

Und wird von schönen Händen dann
das schöne Fleisch zerleget,
das ist, was einem deutschen Mann
gar süß das Herz beweget.

Ludwig Uhland

Wem dui Metzelsupp ned schmeckt,
dem ghert Zong gschabt.

Metzelsupp

Schon die Fugger wußten um die Beliebtheit einer zünftigen „Metzelsupp". Als am 9. April anno 1500 der Habsburger König zur Eröffnung des Reichstages nach Augsburg kam, lud Jakob Fugger denselben zu einem deftigen Schlachtfest auf seinen Landsitz ein. Auf der einen Seite wollte man den König erfreuen, in dem es die Augsburger an nichts fehlen ließen, auf der anderen Seite wiederum wollten die reichen Fugger nicht zu protzig auftafeln, um nicht den Neid des immer in Geldnöten befindlichen Monarchen zu erwecken. Nachdem ja bekanntlich in der Einfachheit die Würze liegt, beschlossen die geschäftstüchtigen Schwaben, dem König zuliebe ein Schweinchen zu schlachten. Und bei Sauerkraut, Kesselfleisch und Speck, Augsburger Brezeln und reichlich Met, kamen sich der Handelsherr und der stolze Ritter menschlich soweit näher, daß dem Aufstieg der Fugger als Hofbankiers nichts mehr im Wege stand. Sie sehen also, die „Metzelsupp" hat in Schwaben alte Tradition und nicht nur beim „gemeinen Volk", wie man meinen sollte.

Von der Zauberkraft des Schwabenvespers wird auch bei anderer Gelegenheit berichtet. So lagen sich die Freie Reichsstadt Reutlingen und die nahe gelegene Residenzstadt Urach immer wieder in den Haaren. Als sich im Jahre 1662 die zwei Kontrahenten mal wieder wohlgerüstet gegenüberstanden, wurde die Auseinandersetzung durch das nicht zu ersetzende „Schwäbische Vesper" unterbrochen. Und ohne Widerspruch, wie man es nur einem unabänderlichen Naturgesetz gegenüber tut, setzten sich die beiden Parteien in einem nahegelegenen „Gartenhäusle" zusammen und siehe da, nach der gemeinsamen Brotzeit war der Stein des Anstoßes aus dem Wege geräumt und der Vesperfriede von Reutlingen ging in die Geschichte ein.

Hier kann man mit Recht sagen: „Nochmals Schwein gehabt."

Aber die Zeit der „Metzelsupp" wird wohl in nicht allzu ferner Zeit der Vergangenheit angehören. Denn immer weniger Bauern halten sich eigene Schweine, und somit sind auch die Tage der Hausschlachtungen bald gezählt. Nur noch selten liest man in ländlichen Gebieten in der Tageszeitung „Heute Metzelsupp", und die aufgeblasene „Saublodr" als Zeichen der Hausschlachtung ist gänzlich verschwunden.

Theo Lingen würde in seinem leicht näselnden Ton wohl wieder sagen: Traurig, traurig, traurig.

Besonders die Pfarreien auf dem Lande werden die beliebte

„Hausmetzgade" vermissen, bekamen sie doch immer als Erste ihr Teil ab und das nicht zu knapp. Die wohlgeformten Bäuchlein der ehrwürdigen Herren legten ein deutliches Zeugnis ab. Eine kleine Anekdote aus dieser Zeit berichtet: Trotz größtem Appetit und kräftigem Zulangen bewältigten einst der Herr Pfarrer und seine „Hauserin" nicht die vielen Gottesgaben, und ihre Leibesfülle wuchs und wuchs. Bis es eines Tages der Dame des Hauses zuviel wurde und sie energisch sagte: „Hochwürden, so geht's nicht weiter, entweder es kommt eine Sau in den Stall oder ein Kaplan ins Haus." Ja, so hatte schon damals jeder seine Probleme. Wenn ich so überlege, was waren wir doch immer froh, als uns eine Kanne „Metzelsupp" ins Haus geschickt wurde, war aus Versehen oder durch Absicht auch noch die Suppe etwas gehaltvoller ausgefallen, in dem ein oder zwei Würste geplatzt waren, drückte meine Tante dem Überbringer dafür ein Zehnerle mehr in die Hand. In den Städten konnte sich die Bevölkerung nach dem Krieg für ein paar Pfennige beim Metzger mit „Metzelsupp" bzw. Wurstbrühe eindecken. Zwei Liter kosteten damals an die 50 Pfennig.

*Heit gibt's Metzelsupp mit Händel
ond a Schissel Gosch voll.*

Auszug aus: Schwäbische Kost

A Kräutle ond a schweinigs Fleisch
ond Knöpfla en dr Brüah,
des wenn ma aus dr Küche brengt,
vertlaufet d'Schwobe nia.

Gar manche möget d'Knöpfla it,
ond's Schweinig it ond's Kraut:
Ma braucht halt au a schwäbischs Gmüat,
daß ma dia Speis verdaut.

Hyazinth Wäckerle

Sauerkraut

Was wäre eine richtige „Metzelsupp" ohne Sauerkraut –
undenkbar. Kraut war neben dem Brot und neben dem Most
seit altersher die Hauptnahrung. Fleisch und somit auch Fett
war im einfachen Haushalt lange Zeit Mangelware.
Kraut und Rüben lagen im Vorratskeller nebeneinander, kuller-
ten nicht selten durcheinander, und so ist wohl auch der Spruch
entstanden: „Do sieht's aus wia Kraut und Riaba."
Andere Sprüche wie: „Kraut füllt de Baure Haut" oder
„Liabr a Laus em Kraut als gar koi Floisch", zeigt, daß
Kraut noch bis in unser Jahrhundert hinein mehr oder
weniger ein Armeleuteessen war. Wurde es von den
„Herrschaften" trotzdem einmal verlangt, wurde
es meistens mit Champagner verfeinert, um dann
als Champagnerkraut serviert zu werden. Mit einem
Schuß Most soll es auch ganz gut schmecken.
Beschimpfte man jemanden als „Krauterer", so
handelte es sich um einen dürren, blassen Zeit-
genossen, der sich eben hauptsächlich
von Kraut ernährte.

Genauso wie im Herbst geschlachtet und das Fleisch in ein Holzfaß eingepökelt wurde, war in jedem Vorratskeller das unentbehrliche Krautfaß zu finden. Neben dem eingemachten Kraut wurden auch frische Krautköpfe eingelagert. Man nahm dazu unbeschädigte Köpfe, wo die Blätter fest um den Kopf geschlossen waren. Meistens hielten sie sich bis Weihnachten. Danach war das Sauerkraut das Hauptgemüse, das bis in den Frühling hinein reichen mußte.

Eine Großfamilie machte nicht selten bis zu 100 Krautköpfe ein. Es gab aber auch ambulante „Krautweiber", die bewaffnet mit einem großen Krauthobel von Hof zu Hof zogen, um das Kraut einzumachen. Das gehobelte Kraut wurde dabei in den mit frischen Krautblättern angelegten Krautstand gefüllt, gesalzen und je nach Gusto noch mit Wacholderbeeren gewürzt. Danach mußten die Kinder bzw. eine Hilfe mit dem Holzstempel das Kraut feststampfen bis es schäumte. Zum Schluß wurde das Kraut mit einem weißen Leinentuch abgedeckt, darüber kam noch ein Holzdeckel und ein schwerer Stein zum Beschweren. Nach dreiwöchiger Gärung war das Kraut gebrauchsfertig.

Seit Jahrhunderten wird bei Stuttgart das besonders geschätzte Kraut mit seinem „spitzen Haupt" angebaut und bis nach Ulm hinein vertrieben. Dort zogen die Pferdegespanne in ihrem angestammten Gebiet von Haus zu Haus, und der Ruf „Filderkraut" kündigte gleichzeitig die kalte Jahreszeit an. Doch wie kocht ein Schwabe sein Kraut? Eine feingeschnittene Zwiebel wird in Schweineschmalz glasig angedämpft, dann wird das Sauerkraut dazu gegeben. Mit Fleischbrühe oder Wasser auffüllen. Würzen mit Pfeffer, Kümmel, Zucker und Wacholderbeeren. Unbedingt einen Apfel mitkochen. Besonders gut mundet so ein Kraut, wenn Sie noch ein Stück Schweinebauch oder „Knöchla" mitkochen. Vor dem Abbinden mit einer geriebenen rohen Kartoffel einen Schuß Most oder Weißwein zugeben.

Die Kochzeit beträgt $1^1/_2$ – 2 Stunden. Daß das Kraut bis zu siebenmal aufgewärmt werden kann, brauche ich wohl nicht zu erwähnen. Ganz „Räse" schwören sogar, das Kraut „schmecke" erst richtig gut, wenn es mindestens dreimal aufgewärmt und seinen bekannten Braunton erreicht hat.

Nach dem Spruch:

„D'Liab, dui isch wie's
Sauerkraut, wohl
dem, der's
guat
verdaut!"

Dr grescht Schmalzhafa nutzt nix,
wenn dr Sauschtall leer isch.

Liabr's Kraut mit Liab, als a Sau em Schtreit.

Schinken

Als Schinken gilt im landläufigen Sinne das Fleisch aus der Schweinskeule, woraus der rohe oder gekochte Schinken gewonnen wird. Aber nicht jeder Schinken kommt auch von der Keule. So wird z. B. aus der Schulter der Vorderschinken, auch als „Schäufele" bekannt, hergestellt, oder aus dem Rücken stammt der zarte Lachsschinken und das bekannte Kasseler Ripple. Der gekochte Schinken z. B. stammt aus einer ausgelösten, mild gepökelten und kurz geräucherten Schweinskeule, die geschnürt oder in Tücher gewickelt in Kochschinkenform, je nach Größe, 2–3 Std. bei mittlerer Hitze gekocht wird.
Der Vorderschinken stammt aus einer ausgelösten, gepökelten und kurz gerauchten Schulter, die, ebenso in Tücher gehüllt, gekocht wird. Die Fleischfasern sind hier etwas gröber als beim Hinterschinken. Auch hat er einen größeren Fettanteil und gilt nicht umsonst als das schmackhafteste Stück vom Schwein.
Viele Schinken tragen den Namen des Herkunftslandes, so z. B. Markgräfler oder Schwarzwälder Schinken. Aber auch Phantasienamen wie Kamin-, Katen- oder Wacholder- schinken werden angeboten.

Heiße Tips

○ Schweinefleisch mundet am besten, wenn es 5 Tage abgehangen ist. Dann wird es beim Braten zarter.

○ Panierte Schnitzel schmecken würziger, wenn unter die Panade etwas geriebener Käse, Paprika oder gar Nüsse gemengt werden.

○ Saurer Schweinebraten schmeckt milder, wenn Sie etwas Most in die Marinade geben. Zur Abrundung der Soße geben Feinschmecker etwas Honig bei.

○ Bei Schweinebraten mit der Schwarte gebraten, läßt sich die Schwarte besser einschneiden, wenn Sie den Braten zuerst 10 Minuten kochen. Danach die in viereckige Rauten eingeschnittene Schwarte mit Bier bepinseln. – Nicht salzen, sonst zieht sie Blasen.

○ Metzelsupp kann man am besten entfetten, wenn man sie über Nacht stehen läßt und die Fettschicht mit einem Schaumlöffel abnimmt.

○ Fleischküchlein werden knuspriger, wenn sie vor dem Braten in Paniermehl gewälzt werden.

○ Angeschnittenes Rauchfleisch oder Hartwurst leicht mit Butter bestreichen, verhindert das Austrocknen.

○ Rauch- und Pökelfleisch wird beim Kochen milder, wenn Sie dem Wasser etwas Milch beigeben.

○ Schinkenreste werden gewürfelt und in den Hackbraten gemischt, oder Sie drehen sie durch den Wolf und machen daraus Schinkenbutter oder mischen sie mit Senf als Brotaufstrich.

○ Ausgedientes Bratfett nicht in den Ausguß leeren – Verstopfungsgefahr – in gebrauchte Flaschen oder Dosen füllen.

○ Schweinebraten wird besonders knusprig, wenn Sie ihn 15 Minuten vor dem Servieren mit Bier bestreichen.

○ Beim Abkochen der Fleischstücke für die Kochwürste die Speckschwarten zusammenbinden und oben in den Kessel legen, da sie früher gar sind. Es spart Ihnen langwieriges Suchen.

○ Die Speckwürfel für die Blutwurst mit heißem Wasser übergießen, dann zieht kein Blut hinein und der Speck bleibt schön weiß.

○ Die Dosen und Gläser nur ¾ mit Wurstmasse auffüllen, da die Masse beim Kochen noch quillt. Wichtig: Gefäße mit heißer Füllung in heißes Wasser stellen. Gläser und Dosen mit kalter Füllung in kaltes Wasser stellen, da sonst die vorgeschriebene Kochdauer nicht mehr stimmt.

○ Den Braten nach dem Gargang nicht gleich aufschneiden. 10 Minuten ziehen lassen, dann bleibt der Bratensaft besser im Fleisch.

○ Schweineschnitzel oder Koteletts vor dem Panieren mit würzigem Senf bestreichen.

Krombira schmeckat am beschta,
wenn se dr Sau durch da Maga gloffa send.

○ Grundsätzlich: Panierte Fleischteile kurz vor dem Servieren in Butter nachbraten.

○ Im Sauerkraut oder den Linsen immer eine Speck– oder Schinkenschwarte mitkochen. Der Rauchgeschmack rundet das Gericht ab. Die Schwarte kann anschließend gewürfelt und in einen Hackbraten gemischt werden.

○ Hausgemachte Leberwurst kann mit angedämpften Zwiebeln und feingehackter Petersilie unter das Kartoffelpüree gemischt werden. Dazu reicht man grünen Salat.

○ Wenn Sie nach alten Rezepten kochen bzw. schlachten, die vorgeschriebene Kochzeit etwas reduzieren, da die heutigen Schweine jünger sind als früher.

○ Bei der Reifung von Rohwürsten eventuell auftretenden weißen Belag einfach mit Wasser abwaschen.

○ Rohwürste bekommen auch ohne Pökelfleisch eine rote Farbe. Geben Sie einfach Blut oder aufgelöste rote Gelatine in die Wurstmasse.

○ Bei der Rohwurstherstellung nur scharfe Messer verwenden, sonst wird das Fleisch fasrig und die Wurst grau.

En dr Not, schmeckt d' Wurscht au ohne Brot.

Hausmacher-Leberwurst

1,5 kg Schweinefleisch vom
Kopf und Bauch
500 g Schwarten
250 g Schweineleber
200 g Zwiebeln

1–2 Knoblauchzehen
1 EL Majoran
$^1/_2$ TL Muskat und Thymian
Salz und Pfeffer

Das Schweinefleisch mit den Schwarten weichkochen. Die
Leber so lange mit heißem Wasser abbrühen, bis beim Anstechen
kein Blut mehr kommt. Alles zusammen abkühlen lassen
und mit den Zwiebeln durch den Wolf drehen (8-mm-
Scheibe).
Danach die Masse abschmecken und gut vermengen.
Anschließend mit Hilfe eines Trichters die Wurstmasse
in die Naturdärme einfüllen und nach ca. 10 cm mit der
Wurstkordel doppelt abbinden. In der Kesselbrühe bei
80–85° C ca. 40–45 Min. ziehen lassen, in
kaltem Wasser abschrecken. Mit feinen Zwiebeln und
Bratkartoffeln angebraten ist die Leberwurst im Volks-
mund bekannt als „Katzagschroi".

Mr hent Honger wia d' Sau.

Hausmacher-Blutwurst

1 kg rohen Rückenspeck   *etwas Brühe*
100 g Schwarte   *Salz und Pfeffer*
1 l Schweineblut   *Koriander und Majoran*

Den Rückenspeck und die Schwarte abkochen. Den Speck in
kleine Stückchen schneiden, die Schwarten durch die feine
Scheibe drehen. Das Blut mit etwas Brühe im Wasserbad lau-
warm erhitzen. Nun alle Zutaten mit den Gewürzen gut
vermischen und in die Därme füllen. Nach dem Abfül-
len die Würste ein paar Sekunden in das kochende
Wasser legen, danach bei 80° C 30 Min. ziehen
lassen – ab und zu drehen und untertauchen –,
danach die Würste abschrecken. Die Blutwurst,
in große Kranzdärme abgefüllt, heißt
im Schwäbischen „Schwarzwurst"
und ist ein beliebtes Vesper, sei es
nun am Stück oder
aufgeschnitten.

Dr Maga einer Sau,
d' Seel von ra Frau,
dr Inhalt von ra Wurscht,
bleibt ewig unerforscht.

Schwartenmagen

200 g Schwarten
1 kg Schweinefleisch vom Rüssel,
Schweinebacken, Schulter.
Bei rotem Schwartenmagen,
1 Tasse Schweineblut beimengen.
1–2 Zwiebeln

1–2 Knoblauchzehen
Salz, weißen Pfeffer
gemahlene Nelken
Muskat, 1 Schuß Essig
etwas Brühe
2 Lorbeerblätter

Die Schwarten in einer würzigen Brühe ca. 1/2 Std. kochen
und mit den Zwiebeln und Knoblauchzehen durch den Wolf
drehen. Die gekochten Fleischstücke in kleine Würfel schneiden.
Mit den Gewürzen und etwas Schwartenbrühe nach Bedarf vermengen und in den gut gesäuberten Saumagen, Blase
oder aber in Papierdärme füllen. Den Schwartenmagen bei 80° C 1 1/2 Std. im Wasser
ziehen lassen. Danach im
kalten Wasser abkühlen
und ab und zu drehen,
bis er fest ist.

A Schaffleibranza isch no lang koi Bauch.

Grobe Schweinsbratwurst

*2,4 kg Schweinefleisch vom
Nacken und Bauch, ohne
Schwarte
600 g rohen Schweinespeck
60 g Salz*

*¹/₂ TL weißen Pfeffer
Muskat
3 EL Majoran
3 EL Senfkörner
etwas Milch*

Das Schweinefleisch wird mit dem Speck durch den
Wolf gedreht (10-mm-Scheibe). Danach mit den Ge-
würzen und etwas Milch gut vermischen und in die
Därme füllen.
Die Bratwurst in der Pfanne bei mittlerer Hitze braten.
Dazu schmeckt am besten Sauerkraut und ein deftiges
Bauernbrot.

Lustig sieht es aus, die Schweinsbratwürste nur auf die
Länge von 5-6 cm abzubinden und zusammen mit
kleinen Fleischstücken und Speck auf Holzspieße zu
stecken.

Wenn des rauskommt, was mir älles neident,
kommed mr schneller nei, wia mr wiedr
rauskommat.

Schinkenwurst

1 kg mageres Schweinefleisch	*2 EL weißen Pfeffer*
vom Schlegel	*1 TL Piment*
600 g mageres Rindfleisch	*1 TL Muskat*
400 g Speck ohne Schwarte	*2 TL Muskatblüte*
50 g Pökelsalz	*1–2 Zwiebeln*

Das angefrorene Fleisch, Zwiebeln und den Speck durch den
Wolf drehen. Beim Schweinefleisch die 10-mm-Scheibe,
beim Rindfleisch die 4,5-mm-Scheibe verwenden.
Die Masse würzen und 5 Min. gut durchmengen.
Danach die Masse in die Kunstdärme füllen und 60 Min.
brühen.
Die Masse eignet sich auch zum Eindosen. Schinken-
wurst ist eine Brühwurst und wird vor allem in
Württemberg sehr geschätzt.

Älles hot a End, bloß d' Wurscht hot zwoi.

Bratwürste

1,2 kg Schweinefleisch
(Nacken oder Schulter)
1,2 kg Schweinebauch
600 g Speck

60 g Salz
1 EL Majoran
1 TL Pfeffer
gemahlene Senfkörner nach
Belieben

Das Fleisch mit dem Speck durch den Wolf drehen (8-mm-Scheibe). Die Masse mit den Gewürzen gut vermengen, in die Därme füllen und ca. 15–20 cm lang abdrehen – nicht binden.
Die Würste eignen sich gut zum Braten in der Pfanne (das Fett sollte nicht zu heiß sein) oder zum Grillen. Abgekocht werden sie auf Wunsch in einer Brühe, die mit etwas Essig, Salz und einer Zwiebel gewürzt ist.
Dazu bietet sich ein schwäbischer Kartoffelsalat an.

Mit Schpeck fangt mr d' Mäus.

Landjäger – „Peitschaschtecka"

700 g mageres Schweinefleisch (Schulter)
700 g mageres Rindfleisch
500 g kerniger Rückenspeck ohne Schwarte

50 g Pökelsalz
2 EL weißen Pfeffer
1 gehäuften TL Kümmel
1 TL Senfkörner
1 TL Traubenzucker

Das Fleisch und den Speck in der Tiefkühltruhe 3 Std. anfrieren und durch eine 4,5-mm-Scheibe drehen, Pökelsalz und Gewürze zugeben und die Masse ca. 10 Min. gut durchkneten. Die Masse in Schweinedünndärme füllen und auf ca. 20 cm Länge abdrehen. Die Würstchen in einem kühlen Raum paarweise nebeneinander auf ein Brett legen und mit einem zweiten Brett, das beschwert wird, zudecken. Nach einem Tag werden Wurstpaare in die Rauchkammer gehängt und im Kaltrauch mehrere Tage geräuchert. Das ideale Wandervesper!

Kommat no rei ond füllat eich wia drhoim.

Leberkäs

Wissen Sie auch, daß unser so hochgeschätzter Leberkäs mit dem Käse selbst gar nichts zu tun hat? Schon lange streiten sich darüber die Gelehrten, wo der Name wohl herkommt. Vermutlich stammt er von den gleichgroß geformten Käslaibchen, wie sie im Mittelalter geformt wurden, vergleichsweise heute unserem Backstoikäs. Auf jeden Fall hat der Leberkäs, der von den Metzgereien in ungezählten Varianten angeboten wird, vom 16. Jahrhundert, wo er das erste Mal urkundlich erwähnt wurde, bis heute in seiner Beliebtheit nichts verloren. Leberkäs schmeckt am besten frisch, wenn er saftig, dampfend aus dem Ofen kommt. Mit Bauernbrot und Senf verzehrt, ein echtes Schmankerl. Die meisten Metzger bieten die Leberkäsmasse in bereits abgefüllten Formen zum Verkauf an, so daß er zu Hause selbst frisch herausgebacken werden kann.

Viel Vetter, viel Lompa,
viel Bäsla, viel Metzelsupp.

Leberkäs, „bayrische Art"

700 g durchwachsenes Schweine-   *2 Zwiebeln*
fleisch – darf ruhig fett sein –   *2 TL Salz*
300 g mageres Schweinefleisch   *1 TL weißen Pfeffer*
100 g frische Speckwürfel   *1/2 TL Majoran*
150 g Schweineleber   *1 Prise Muskatblüte*

Das Schweinefleisch kurz in die Tiefkühltruhe legen bis es gut
kalt ist und dann durch den Wolf drehen. Die Zwiebeln und die
Speckwürfel glasig dünsten, abkühlen lassen. Die Leber ebenfalls durch den Wolf drehen. Alles zusammen mit den Gewürzen gut vermengen. In zwei ausgefettete Kastenformen bzw.
Alu-Formen geben, glattstreichen und bei mittlerer Hitze
ca. 90 Min. fertiggaren. Zum Schluß noch bei kräftigerer
Oberhitze eine Kruste entstehen lassen.

Rund um das Schwein

1. Kopf
Sein Fleisch eignet sich besonders für Sulzen oder Einlagen in Eintöpfe, wird aber meistens verwurstet.

2. Nacken
Auch als Hals oder Kamm bezeichnet. Durch sein mit Fettadern durchwachsenes Fleisch zählt es zu den besten Stücken, denn es gibt einen saftigen Braten. Eignet sich aber auch hervorragend zum Grillen oder zu Schweinepfeffer. Mit diesem Stück bekommen Sie nie Reklamationen.

3. Rippenstück
Das Karree oder auch Kotelett genannt, ist wohl jeder Hausfrau bekannt. Liefert es doch die beliebten Schweinekoteletts und Schnitzel, doppelt geschnitten gibt es die beliebten Schmetterlingsschnitzel. Das zarte Fleisch eignet sich gut zum Kurzbraten. Gepökelt und geräuchert wird daraus das überall geschätzte „Kasseler Ripple".

4. Schulter
Auch als Bug, Blatt oder Schäufele bekannt, wird mit Knochen und ausgebeint angeboten. Eignet sich sehr gut als Rollbraten, aber auch zum Braten und Schmoren sowie zur Zubereitung von Gulasch.

5. Brust
Die Schweinebrust wird gerne gefüllt angeboten. Beliebt auch als Einlage zu Eintöpfen.

6. Filet
Im Schwäbischen auch als „Lomale" bekannt, findet große Verwendung in Gaststätten, wo wir es im „Lendentöpfle"

wiederfinden. Wohl das zarteste Stück vom Schwein. Gut geeignet fürs „Geschnetzelte".

7. Bauch

Ist ein Hauptbestandteil der Schlachtplatte. Eignet sich sehr gut zum Kochen und Grillen, aber auch als Rouladen oder zum Füllen. Als Rauchfleisch ist er Bestandteil ungezählter Gerichte.

8. Keule

Schinken oder Schlegel. Wird in vier Teilen angeboten. Die Oberschale, Unterschale oder Nuß eignen sich für Braten, Schnitzel, Rouladen oder Geschnetzeltes. Das Hüftstück nimmt man zum Braten oder Kochen im Sauerkraut.

9. Haxe oder Eisbein

Die Haxe ist gut geeignet zum Grillen und Schmoren, aber auch zum Pökeln und anschließendem Kochen im Sauerkraut. Wird meistens preiswert angeboten.

10. Füße, Spitzbein, Pfoten

Eignen sich gut zum Pökeln und zur Zubereitung von Sulzen. Beim Fleischeinkauf empfehle ich, dem marmorierten, d.h. von Fettadern durchzogenen Fleisch den Vorzug zu geben, denn beim Braten tritt das Fett aus, und es wird so im eigenen Saft gegart und der Braten schmeckt besser. Sie verbrauchen somit nicht mehr Fett als beim mageren Fleisch, dem sie ja beim Braten Fett zugeben müssen.

A Kesselfloisch mit samt dr Haut,
isch mr liabr wia 's bescht Kraut.

Schlachtplatte

500 g Schweinebauch
Bug oder Hals – (ist nicht so fett)
1 Zwiebel
2 l Wasser

Salz und Pfeffer
je 4 Blut- und Leberwürste
500 g gekochtes Sauerkraut
Spätzle oder Kartoffelbrei

Ich selbst bevorzuge das Kesselfleisch, wenn es im Sauerkraut mitgekocht wurde. Denn da profitieren gleich mehrere, nämlich das Kraut, es wird sämiger, das Fleisch würziger und ich seliger.

Die Schlachtplatte, die unbeschadet bis heute, trotz aller Kalorienapostel, überlebt hat, finden wir im Herbst in jeder gutbürgerlich, schwäbisch geführten Gaststätte auf der Speisekarte. Kleine Abweichungen sind die Regel. So serviert sie der eine mit Sauerkraut, Kartoffelbrei, Kesselfleisch, Blut- und Leberwurst, der andere zieht Spätzle, Bubaspitzle oder ein deftiges Bauernbrot vor. Vereinzelt wird auch Erbsenbrei und ein Stück gekochtes Rauchfleisch mit angeboten. Bei einer Hausschlachtung wird die Schlachtplatte noch mit dem Schwänzchen und dem Kopffleisch bereichert.

Also dann: „Mahlzeit mitanand.“

Hot mr bei dir gmetzgat?
Wieso?
Ha, weil dein Sauriabl zom Fenschter
naushängscht.

Schweinskopf

Den Schweinskopf kann man als Ganzes oder als Hälfte beim
Metzger bestellen. Vorausgesetzt Sie schlachten nicht selbst.
Der Schweinskopf selbst hat ein fettes und zartes Fleisch mit
vielen Leimstoffen. Gut für Sulzen. Der Kopf wird vor
dem Kochen nochmals gut gewaschen und nach Bedarf
flambiert bzw. glattgeschabt, damit auch wirklich alle
Borsten entfernt sind. Natürlich können Sie beim Metzger je nach Bedarf nur Rüssel oder Bäckchen bestellen.
Der Schweinskopf wird heute hauptsächlich zu Wurst
verarbeitet oder man findet ihn als Schweinskopfsülze
wieder auf dem Tisch.
Das Kopffleisch eignet sich auch hervorragend als
Beigabe zu Eintöpfen von Hülsenfrüchten
und Kartoffeln.
Kenner schätzen den gekochten
Schweinskopf, wenn er in Stücken
paniert in reichlich Fett
gebacken mit
Kartoffelsalat
serviert
wird.

A gsattlata Sau isch no lang koi Reitgaul.

Schweinebraten

1 kg Schweinefleisch
vom Schlegel oder Schulter
1–2 Zwiebeln

Salz und Pfeffer
1 EL Tomatenmark
Wasser nach Bedarf

Wer es liebt, das Fleisch mit der Schwarte zu braten, sollte es rechtzeitig beim Metzger bestellen und gleich rautenförmig einschneiden lassen.

Das Fleisch mit Salz und Pfeffer kräftig einreiben und mit der Schwarte nach oben anbraten, die Zwiebeln und Karotten dazugeben und mit etwas Wasser auffüllen. Im vorgeheizten Backofen bei 150° C ca. 2 Stunden garen lassen. Während der Garzeit ab und zu mit Bratensaft begießen.

10 Min. vor dem Ende der Garzeit den Braten mit etwas Bier oder Salzwasser übergießen, damit die Schwarte schön knusprig wird. Zum Schluß den Bratensaft unter Zugabe des Tomatenmarks noch etwas einkochen lassen und abschmecken. Dazu gibt es Spätzle und Kartoffelsalat und der Sonntag ist gerettet.

An alta Eber will koi Sau.

Saurer Schweinebraten

1 kg Schweinefleisch vom Schlegel oder Hals. Die Beize besteht aus halb Wasser, halb Essig oder $1/3$ Weißwein, $1/3$ Essig und $1/3$ Wasser. In die Beize gehören noch kleingeschnittene Karotten, Zwiebeln und Sellerie sowie Pfefferkörner, 1 Lorbeerblatt, 2 Nelken, einige Wacholderbeeren und Salz.
Die Beize aufkochen und erkalten lassen und das Fleisch 3–4 Tage einlegen.
Zum Schmoren das Fleisch gut abtrocknen, kurz anbraten und mit Beize und etwas Wasser auffüllen, das Gemüse mitschmoren. Garzeit ca. 2 Stunden bei 150° C im Backofen.
Zum Schluß die Soße mit etwas Tomatenmark einkochen und mit dunklem Mehl abbinden. Das Gemüse durchpassieren und ebenfalls in die Soße geben. Die Soße wird sämiger, wenn Sie noch ca. 30 Minuten köchelt.
Wer will, kann die Soße noch mit $1/4$ l saurer Sahne verfeinern.

A Metzelsupp, dia ma ed essa muaß,
muaß ma au ed bloßa.

Schweinebraten „Jäger-Art"

1 kg Schweinefleisch
vom Schlegel
Rotweinbeize, halb Wasser,
halb Wein
1 Knoblauchzehe

Zwiebel
Karotten
Pfefferkörner
Lauch und Sellerie
Salz

Das Fleisch mit dem Gemüse und den Gewürzen 2–3 Tage
einlegen, gut abtrocknen und mit dem Gemüse scharf anbraten.
Mit einem Glas Rotwein und Wasser auffüllen und schmoren
lassen.
Zum Schluß die Soße mit geriebenen Schwarzbrot-
rinden und Lebkuchen abbinden. Zum Verfeinern
der Soße gibt man noch etwas Preiselbeersaft
oder Gelee sowie saure Sahne bei.
Den Braten mit angebratenen Apfelscheiben und
Preiselbeeren garnieren.

Viel Gschroi ond wenig Woll, hot sell Bau'r gsait,
wia 'r sei Sau gschora hot.

Pikanter Schweinebraten

1 kg Schweineschlegel
oder Schweinehals
ca. 100 g Rauchfleisch
oder Schinken
2–3 Essiggurken

Salz und Pfeffer
Paprika
Fett
$1/8 – 1/4$ l Rotwein
1 Zwiebel und Karotte
2 Knoblauchzehen

Das Fleisch auf beiden Seiten kräftig mit den Gewürzen und den durchgedrückten Knoblauchzehen einreiben. Danach kurz mit dem Gemüse scharf anbraten und mit etwas Brühe und Rotwein aufgießen. Im Backofen bei 150° C ca. 2 Stunden garen lassen. Den Braten häufig begießen, vor dem Servieren mit den in Streifen geschnittenen Gurken und Schinkenstreifen, die kurz in Butter geschwenkt wurden, garnieren.

Dazu reicht man Knödel und Sauerkraut, das mit 1–2 EL Tomatenmark und 1/2 EL Paprika gekocht wurde.

Där frißt wia a Sau.

Schweinebraten im Römertopf

1 kg Schweinehals   *Rosmarin und Thymian*
Knoblauch   *Zwiebeln*
Salz und Pfeffer   *Karotten und Lauch*

Den Schweinehals gut würzen und mit den gestiftelten Knoblauchzehen spicken. In den gewässerten Römertopf die zerkleinerten Zwiebeln geben, darauf das Fleisch setzen und links und rechts Gemüse beigeben.
Den Braten vor dem Garen mit 1 Tasse Most oder Wein begießen. Zum Schluß mit Thymian und Rosmarin bestreuen. Zugedeckt bei 150° C im Backofen ca. 2 Stunden garen lassen.
Dazu reicht man reichlich Salate.

„Was nützt de schönscht Schüssel,
wenn nix dren isch."

Wenn d' heiratsch, nemm an Pfaffa,
dem tragat d' Leit Metzelsupp ens Haus,
do brauchsch ned viel schaffa.

Kümmelbraten

1 kg Schweinehals

15 g Kümmel

1 Knoblauchzehe

$^1/_2$ l dunkles Bier

Fett

Karotten

etwas Wasser

Salz und Pfeffer

Die Gewürze mit einem kräftigen Schuß Bier vermischen und den Schweinehals damit tüchtig einreiben.
Das Fleisch auf beiden Seiten kräftig anbraten und das
Gemüse beigeben. Danach mit einem guten Schuß Bier
ablöschen und braten lassen.
Garzeit ca. 2 Stunden bei 150° C im Backofen.
Den Braten ab und zu mit Wasser oder Brühe
ablöschen, damit er schön saftig wird. 10 Minuten
vor dem Ende der Garzeit nochmals mit Bier
begießen.
Dazu kann ich mir nur Knödel vorstellen, da
läuft mir ja jetzt schon das Wasser im Mund
zusammen.

Ezt halt endlich dei Gosch
ond gib deim Maul ebbas zom Beißa.

Schweinefilet im Netz

1–2 Schweinefilets
Schweinehack nach Bedarf
1 Wirsing oder Blattspinat
Speckscheiben

Salz und Pfeffer
1–2 Eier
Schmalz
Brühe

Das Schweinenetz (rechtzeitig beim Metzger bestellen) auf dem
Tisch ausbreiten, darauf die vorgekochten Wirsingblätter ausbreiten, die Speckscheiben und das angemachte Schweinehack
gleichmäßig verteilen. Das vorgewürzte Filet darauf legen und
einrollen. In einer Kasserolle anbraten, etwas Brühe dazugeben
und ca. 1 Stunde garen lassen.
Dazu reicht man „Rahmkartoffeln".
Rohe Kartoffeln in Scheiben schneiden, Rahm mit einem
Ei und etwas geriebenem Käse vermengen, salzen und
etwas Muskat beigeben. In einer gefetteten Kasserolle
im Backofen ca. 20 Min. garen lassen.

„Ebbes guats fir ned jeden Dag."

A großer Bauch kommt ed alloi
von Spätzla ond Kraut.

Gefülltes Schweinekotelett

4 Schweinekoteletts   *Semmelbrösel nach Bedarf*
160 g gekochten Schinken   *1 Zwiebel*
3–4 EL gehackte Kräuter   *Salz und Pfeffer*
2 Eier

Selbst oder gleich beim Metzger in die Koteletts Taschen
schneiden. Den feingehackten bzw. durchgedrehten Schinken,
die Kräuter je nach Gusto, die Eier, Semmelbrösel, die feingehackten Zwiebel und die Gewürze gut vermengen. Die Masse in
die Koteletts füllen und mit Zahnstocher verschließen. Die
Koteletts würzen, mehlen und in reichlich Fett bei mittlerer
Hitze braten.
Dazu serviert man einen schwäbischen Kartoffelsalat
mit Gurken vermischt.

Kraut ond Schpeck haut Hecka weg.

Fleischküchla

(bekannt auch als Hacksteak, Hamburger, Frikadellen,
Buletten oder Fleischpflanzerl)

400 g Schweinehack	*1 Zwiebel*
3–4 alte Semmeln	*Peterling*
Semmelbrösel	*Salz und Pfeffer*
1–2 Eier	

Die Semmeln einweichen und ausdrücken und gut zerkleinern.
Die gehackte Zwiebel und den Peterling kurz in Butter glasig
anbraten und zusammen mit den anderen Zutaten ver-
mischen. Unter die Fleischmasse lassen sich auch gut
Speckwürfel, etwas Tomatenmark, Meerrettich oder
Gemüsewürfel mengen.
Die Hände vor dem Formen der Masse mit lau-
warmem Wasser befeuchten. Die Fleischküchla vor
dem Backen in Semmelbrösel mit geriebenem
Käse wälzen.
Die Fleischküchla schmecken gut,
warm mit Gemüse und
Kartoffeln oder kalt
zum Vespern.

Där lauft weg, wia d' Sau vom Trog.

Hackbraten

400–500 g Schweinehack　　　*1 feingehackte Zwiebel*
1–2 Eier　　　　　　　　　*Peterling*
2–3 alte Semmeln　　　　　*Salz und Pfeffer*
2–3 EL Semmelbrösel　　　　*auf Wunsch etwas Majoran*
　　　　　　　　　　　　　und 1 Knoblauchzehe

Die Semmeln in lauwarmer Milch oder Wasser einweichen
und gut ausdrücken. Die Zutaten würzen und gut vermengen.
Wenn die Masse zu trocken ist, etwas Wasser beigeben.
Eine gute Idee ist immer, den geformten Hackfleischlaib in ein
Schweinenetz zu wickeln oder den Hackbraten mit
etwas lauwarmem Wasser oder Eiweiß einzureiben.
Variante: Beim Hackbraten können Sie Ihrer Phantasie
freien Lauf lassen. So können Sie dem Hackfleisch
ohne weiteres Pilze, Käsewürfel, gekochte Karotten,
Wienerle oder Essiggurken sowie gekochte Eier
beimengen.
Garzeit ca. 1 Stunde bei 220 – 230° C im
Backofen. Hier empfehle ich eine große
Salatplatte mit Kartoffelsalat.

Besser a Laus em Kraut als gar koi Floisch.

Gefüllte Schweinebrust

1,5 kg Schweinebrust 　　　　*3 EL Semmelbrösel*
oder Schweinebauch 　　　　*1 Zwiebel und Karotte*
200 g Brät 　　　　　　　　　*Peterling*
2–3 alte Semmeln 　　　　　*1 TL Kümmel*
1–2 Eier 　　　　　　　　　　*Salz und Pfeffer*

In den Schweinebauch eine Tasche schneiden, nachdem die
Rippen herausgetrennt wurden. (Rechtzeitig beim Metzger
bestellen!)
Die Semmeln mit etwas lauwarmer Milch oder Wasser
einweichen, danach gut ausdrücken. Das Brät mit den
Eiern, dem gehackten Peterling, Semmelbrösel und den
Semmeln gut würzen und vermengen. Den Schweine-
bauch oder -brust füllen und zunähen oder mit
Zahnstochern zustecken. Würzen und mit
dem Gemüse ca. 2 ½ Stunden bei
200° C im Backofen garen.
Hierzu empfehle ich
Kartoffelsalat mit
Endivie vermischt.

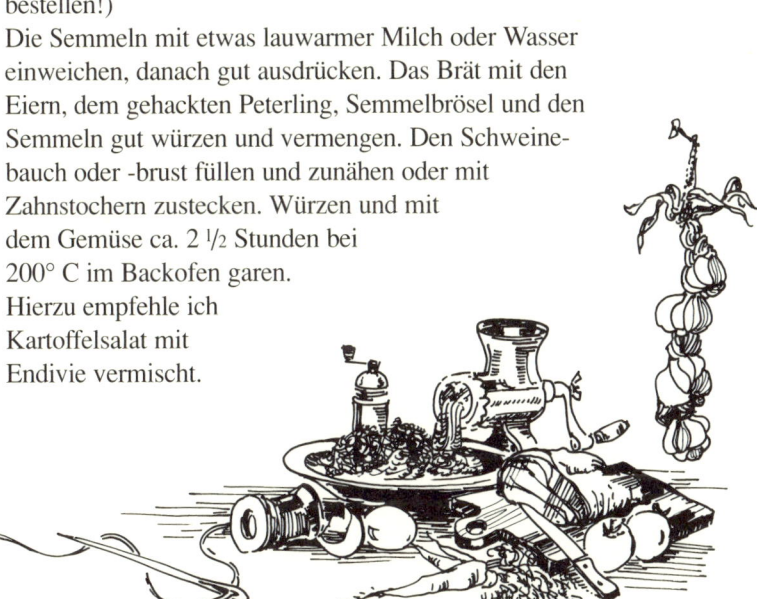

I nemm amol 's Floisch, no woiß e glei
wieviel Kraut e no brauch,
hot sell Baur gsait.

Schweinebäckle

(je nach Bedarf Schweinebäckle   *Essig*
bestellen)   *Karotten*
1 Zwiebel   *Salz und Pfeffer*
1 Lorbeerblatt

Die Schweinebäckle mit dem Gemüse und den Gewür-
zen ca. 15–20 Min. kochen und ab und zu abschäumen.
Dazu schmeckt natürlich immer Sauerkraut oder als
Vesper auf dem Brett mit Meerrettich und Brot.
Variante: Die heißen Schweinebäckle einzeln in einen
tiefen Teller legen. Zwei Tassen heiße Brühe mit Essig,
gehacktem Ei, Essiggurken, Zwiebeln, feingehacktem
Peterling und Senf vermischen und heiß über das
Fleisch gießen.
Hier empfehle ich ein herzhaftes Bauernbrot
und Most.

Wenn'r au bloß a Krettamischter isch,
freßa ond saufa ka'r fir drei.

Schweinshaxe

1–2 Schweinshaxen   *Karotten*
$1/2$ l Bier   *Sellerie*
Zwiebeln   *Salz und Pfeffer*

Die Schweinshaxe, auch gerne Eisbein genannt, gleich beim
Metzger rautenförmig einschneiden lassen. Eine Haxe
vom hinteren Fuß wiegt ungefähr 1400 g, vom vorderen
ca. 900 g. Auf jeden Fall ist es ein preiswertes Essen, das
kalt und warm schmeckt.
Sehr gut mundet auch eine gepökelte Haxe, die im Sauer-
kraut mitgekocht wird.
Die Zubereitung: Die Haxe würzen, mit Gemüse in eine
Kasserolle legen und ca. 2 Tassen Wasser beigeben. Bei
180° C ungefähr 2–2$1/2$ Stunden im Backofen
garen. Immer gut mit dem Bratensaft, zum Schluß mit
Bier begießen, damit die Schwarte schön kracht.
Keiner Frage bedarf es: zur Haxe gibt's
Sauerkraut und Knödel.

Dui Wurscht isch schneller fertig,
als dei Kuah mit 'am Schwanz wedelt.

Schweinsfüße

2–3 Schweinsfüße, das ist der Teil vom Vorderfuß unterhalb des Knies, mit reichlich Gemüse, Salz und Pfeffer weichkochen bis Sie das Fleisch mühelos abtrennen können. Die Brühe selbst ist sehr leimhaltig und gut geeignet für Sulzen und Soßen.
Die gekochten Schweinsfüße in grobe Stücke schneiden, in eine Kasserolle geben und mit saurem Rahm aufgießen.
Nun scharf würzen mit Pfeffer, scharfem Senf, je einer zerriebenen Zwiebel und Knoblauchzehe.
Zur Verfeinerung können Sie noch gehackte Essiggurken, Kapern und Schnittlauch beigeben.
Als Beilage empfehle ich Salzkartoffeln und verschiedene Salate.
Ein preiswertes Essen aus Schmalhans Küchenzettel.

A fetta Kiche gibt meischtens
a magers Teschtament.

Geschnetzeltes vom Schwein

500 g Schweinefilet oder -rücken　*1 Tasse Rahm*
1 Zwiebel　*Weißwein nach Belieben*
1 EL Mehl　*Champignons*
Brühe oder Bratensoße　*Salz und Pfeffer*

Das Fleisch in feine Scheibchen bzw. Streifen
schneiden und in einer Pfanne kurz scharf anbraten und würzen. Die feingehackte Zwiebel
separat hell anschwitzen und dem Fleisch
beigeben. Zusammen anschwenken, die
Champignons beigeben, leicht abstäuben
und mit dem Bratensaft und Weißwein
aufgießen.
Zum Schluß den Rahm dazugeben und
nachwürzen. Hier empfehle ich
Tomatenspätzle und verschiedene
Salate.

Gibt's heit koi Floisch?
Langet henda nomm, no hentr a ganza Hand voll.

Schweinerouladen

1 kg Schweinebauch	*Senf*
500 g Sauerkraut	*Salz und Pfeffer*
geräucher	*Fett*
Schweinebauch	*Brühe*

Den Schweinebauch in Scheiben schneiden, flachklopfen und
mit Senf bestreichen. Darauf eine Scheibe Speck geben. Das
feingehackte Sauerkraut gleichmäßig auf die Rouladen verteilen,
zusammenrollen und mit Zahnstochern oder Nähfaden befestigen.
Die Rouladen würzen und in Mehl wälzen.
In einer Pfanne scharf anbraten und in eine gefettete
Kasserolle setzen, mit etwas Brühe auffüllen und
im Backofen bei 150° C ca. 1½ Stunden
schmoren lassen.
Die Soße mit Sahne und Joghurt verfeinern
und würzig abschmecken. Dazu reicht man
Kartoffelpüree, das mit
Tomatenmark und Ketchup
rot eingefärbt wurde.

's Kraut isch heit guat, hot Magd gsait
ond da Schpeck g'fressa.

Leberknöpfla auf Sauerkraut

125 g gehackte Leber
(beim Metzger bestellen)
2–3 alte Semmeln
1 Ei

Mutschelmehl nach Bedarf
1 Tasse Milch
Salz, Pfeffer
und Majoran

Die Brötchen mit lauwarmer Milch einweichen, etwas ziehen
lassen und gut ausdrücken. Die Leber mit dem Ei, etwas Mutschelmehl und den Gewürzen dazugeben und zu einem Teig
anmachen. In leicht kochendem Wasser einen Probekloß machen.
Wenn er nicht hält, noch etwas Mehl oder Mutschelmehl beimengen. Sauerkraut mit Wacholderbeeren, etwas Kümmel,
Zucker, Pfeffer, wenn nötig etwas Salz und 2–3 EL Schweineschmalz zum Kochen bringen. 1–2 Äpfel mitkochen.
Nach ca. 2 Stunden das Kraut mit rohgeriebenen
Kartoffeln abbinden.
Die Leberknöpfla auf dem Kraut servieren und
mit angedämpftem Speck und Zwiebelwürfeln
abschmelzen.

*Marie, laß d' Sau raus,
's Hochwasser kommt d' Schdiga ra.*

Saure Schweinereien

Bratenreste
1–2 Zwiebeln
Mehl nach Bedarf
1–2 EL Most

1 EL Essig
Butter
Brühe
Salz und Pfeffer

Die Bratenreste in feine Scheiben schneiden. Die feingehackten
Zwiebeln hellbraun andünsten, das Fleisch kurz mit anbraten
und einstäuben. Mit der heißen Brühe, dem Essig und dem Most
aufgießen und noch kurz köcheln lassen. Auf Wunsch können Sie
noch 1–2 EL sauren Rahm beigeben. Dazu empfehle ich Ulmer
Weckknödel sowie grünen Salat und „a Krügle Moscht, no
rutsched die Reschtla besser nonder".

Wenn älle Herra wärad,
wer däd no d' Säu hiata?

Gebratener Schinken

Zu einem Familienfest empfiehlt es sich, beim Metzger eine dementsprechend große Schinkenkeule zu bestellen und dort auch kochen zu lassen.

Zu Hause überflüssiges Fett abschneiden und in die Schwarte Karos einschneiden, wobei Sie jedes zweite Schwartenstück entfernen und so ein Schachbrett-muster erhalten. In das leere Feld wird jeweils eine Nelke gesteckt. Hierauf gibt man den Schinken mit etwas Wasser in eine Kasserolle und läßt ihn in der Röhre kräftig bräunen. Ab und zu mit der Brühe übergießen. Nicht zu lange im Rohr lassen, er muß nur gut heiß werden. Dazu gibt es eine Rotweinsoße.

Hier empfehle ich verschiedene Gemüse je nach Jahreszeit und Kartoffelpüree.

Manch oiner isch z' faul zom Essa.

Krauttopf

500 g Schweinebauch
oder Schweineschulter
500 g Sauerkraut
5 große Zwiebeln

Salz und Pfeffer
1 Tasse Essig
1 EL Zucker
Kümmel

Das Kraut aufsetzen und ca. 1 Stunde kochen lassen.
Das Fleisch in größere Würfel schneiden, würzen und scharf
anbraten. Danach die geschnittenen Zwiebeln noch ein paar
Minuten mitbraten.
Das angekochte Kraut mit dem Fleisch, Zwiebeln,
Essig und Kümmel mischen, etwas Most oder
Weißwein beigeben und in einer Kasserolle
ca. 2 Stunden bei hoher Temperatur im
Backofen schmoren lassen.
Dazu schmecken gekochte Kartoffeln
oder Bauernbrot.

Wia schmeckt's?
Mäßig bis saumäßig.

Schweinenieren

3–4 Schweinenieren   *Essig*
1–2 Zwiebeln   *Brühe oder Soße*
1 EL Mehl   *Salz und Pfeffer*

Es ist darauf zu achten, daß die Nieren unbedingt frisch sind.
(Rechtzeitig bestellen!)
Die Nieren der Länge nach aufschneiden und sorgfältig die
Harngänge entfernen. Empfindsame Nasen wässern sie noch
ca. 20 Minuten.
Die Nieren in kleine Würfel bzw. Scheiben schneiden. Die
zerkleinerte Niere in heißem Fett anbraten, dann die sehr
klein gewürfelten Zwiebeln beigeben und kurz zusammen
anschwenken, leicht mehlen, mit Essig ablöschen, kurz
durchschwenken und mit Soße oder Brühe auffüllen.
Zur Verfeinerung können Sie noch etwas sauren Rahm
und einen Schuß Rotwein beigeben. Zum Schluß
alles würzig abschmecken. Nicht lange schmoren –
Nieren werden schnell hart.
Dazu empfehle ich Spätzle und
gemischten
Salat.

Do wird au koiner fett,
do ißt ma d' Supp mit dr Gabl.

Schweineleber

500 g Schweineleber   *Essig*
Salz und Pfeffer   *Fett*
Zwiebeln   *Butter*

Da die Schweineleber, wenn man sie zu lange gart, hart wird,
ist es wichtig, alle Zutaten rechtzeitig vorzubereiten.
Die Leber läßt sich auf verschiedene Arten zubereiten. So
können Sie die Leberscheiben panieren oder nur mehlen und
in der Pfanne backen. Wichtig, kurz vor dem Heraus-
nehmen das Fett abgießen und kurz mit
Butter nachbraten.
Mein Leibgericht ist saure Leber. Die Leber
in dünne Scheiben schneiden und im Fett
scharf und kurz anbraten, dann erst die
feinen Zwiebeln beigeben, kurz mit anschwenken und mit Essig ablöschen, ein
wenig stäuben und mit Brühe oder Soße
auffüllen und würzig
abschmecken – 1 EL Rotwein
wirkt hier Wunder.
Dazu liebe ich Bratkartoffeln und
grünen Salat.

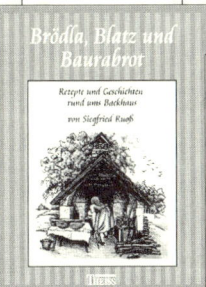